ESSAI
SUR LE CARACTÈRE
D'HANNIBAL

PAR

LA BARRE DUPARCQ

> Il est assez difficile de démêler son caractère.
>
> POLYBE.

PARIS

CH. TANERA, ÉDITEUR

LIBRAIRIE POUR L'ART MILITAIRE, LES SCIENCES ET LES ARTS

Rue de Savoie, 6

M DCCC LXX

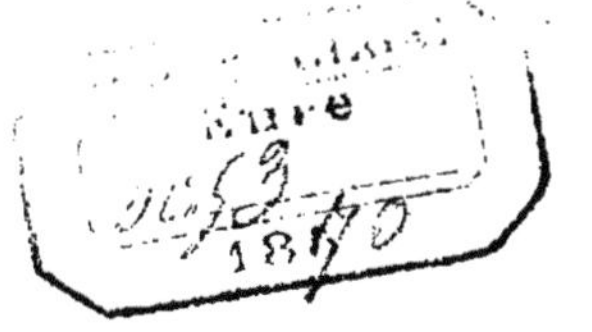

ESSAI

SUR LE

CARACTÈRE D'HANNIBAL

OUVRAGES DU MÊME AUTEUR

HANNIBAL EN ITALIE, broch.

HISTOIRE DE L'ART DE LA GUERRE, depuis ſon origine juſqu'à nos jours, 2 vol.

LE PLUS GRAND HOMME DE GUERRE, broch.

PORTRAITS MILITAIRES, 3 vol.

CONSIDÉRATIONS SUR L'ART MILITAIRE ANTIQUE, broch.

ESSAI
SUR LE CARACTÈRE
D'HANNIBAL

PAR

ÉD. DE LA BARRE DUPARCQ

Il eſt aſſez difficile de démêler ſon caractère.
POLYBE.

PARIS
CH. TANERA, ÉDITEUR
LIBRAIRIE POUR L'ART MILITAIRE, LES SCIENCES ET LES ARTS
Rue de Savoie, 6

M DCCC LXX

ESSAI

SUR LE

CARACTÈRE D'HANNIBAL (1)

Hannibal defcend dans la plaine de Turin vers la fin de l'année 218 avant notre ère.

A cette nouvelle, le conful Publius Scipion s'étonne de cette belle traverfée des Alpes, & Rome s'épouvante pour la première fois (2). Diverfes mefures font prifes par fuite de la conflernation générale : on rappelle de Lylibée l'armée de Tibérius, on porte les légions à 5,000 hommes

(1) Cet *Effai* a été écrit en 1861, antérieurement au mémoire intitulé : *Hannibal en Italie*, lu à l'Académie des fciences morales & politiques en 1862, & publié en 1863.

(2) POLYBE, livre III, chap XII, XVIII, XXIII.

au lieu de 4,000, on en lève huit au lieu de quatre, on forme de ces huit légions une ſeule armée.

Quel âge avait donc Hannibal pour effrayer ainſi les Romains ? vingt-cinq ans. Il amenait ſans doute une armée conſidérable ? 26,000 hommes ſeulement (1), 23,000 même ſuivant quelques auteurs, & ſes ſoldats « ſe trouvaient ſi changés par ſuite de leurs fatigues qu'on les aurait pris, dit Polybe (2), pour une troupe de *ſauvages* ». Alors il ſe trouvait ſoutenu par une patrie puiſſante, rapprochée ? Carthage, ſituée à 800 kilomètres de Rome, était plus animée de l'eſprit de commerce que de l'eſprit de conquête, elle ſongeait peu à le ſeconder, & au lieu de le jeter en Italie au moyen d'une flotte (3), elle lui avait laiſſé (quelle marque de déſapprobation !) improviſer ſon expédition, franchir 1,600 kilomètres, eſcalader les Alpes; il eſt vrai qu'elle ne perdait

(1) Dont 6,000 cavaliers.

(2) Livre III, chap. XII.

(3) M. MICHELET prétend qu'Hannibal « ne voulut point ſolliciter les flottes de Carthage (pour ſon expédition), ni ſe mettre dans ſa dépendance ». Puis il ajoute, & je préfère cette deuxième explication : « Il convenait d'ailleurs à Hannibal de traverſer ces peuples barbares, tout pleins de la défiance qu'inſpirait la grande ville italienne & du bruit de ſes richeſſes; il eſpérait bien entraîner contre elle les Gaulois des deux côtés des Alpes, comme il avait fait des Eſpagnols, & donner à cette guerre l'impétuoſité & la grandeur d'une invaſion univerſelle des barbares de l'Occident ». *Hiſtoire romaine,* 1831, t. I, p. 219. Carthage, au début de la guerre, vint un peu en aide à Hannibal, en envoyant trente galères eſſayer de ſoulever la Sicile & ravager les côtes d'Italie.

guère à cela que 36,000 hommes (1). Au moins Hannibal était un homme vigoureux, plus fort que les intempéries, à l'abri des misères de notre vie maladive! il venait justement de perdre un œil sous l'influence délétère des marais qu'il avait été forcé de traverser (2).

Ainsi voilà un jeune homme à la tête de 26,000 combattants seulement, sûr d'être abandonné à lui-même, de ne pas recevoir un renfort, déjà borgne & gêné comme général par cette infirmité (3), le voilà qui, dans des conditions peu redoutables, fait trembler Rome (4). Et ce n'est pas Rome à son début, c'est Rome dans l'âge mûr, Rome comptant plus de 260,000 (5) habitants & déjà maîtresse de toute l'Italie!

Qui nous le représente ainsi? La plume d'un parent, d'un ami? non une plume romaine, celle du commensal des Scipions, celle de Polybe. Telle est la condition d'Hannibal auprès de la

(1) Ces 36,000 soldats périrent depuis le passage du Rhône jusqu'en Italie.

(2) C'est seulement après la bataille de la Trébie; le lecteur nous pardonnera cet anachronisme.

(3) On a néanmoins tenu à honneur de lui ressembler par ce côté : Civilis, par exemple. Voy. TACITE, *Histoire*, IV, 3.

(4) L'apparition d'Hannibal à l'armée Carthaginoise, en Espagne, deux ans auparavant, avait aussi frappé tous les regards; subordonné patient, chef habile, robuste, intrépide, modeste & affable pour tous, tel il s'était d'abord montré.

(5) Exactement, à l'origine de la seconde guerre punique (19e lustre), d'après le recensement des censeurs, 262,322 habitants. TITE-LIVE, X, 47.

poſtérité : il paraît devant elle ſans un trait dû à un compatriote, & dans cette ſituation il reſſort avec un magique relief. Quelle grandeur morale! & de quel caractère devait être animé cet homme pour avoir marqué ainſi l'empreinte de ſon paſſage ſur la terre.

Cette grandeur, ce caractère, ſignes de ſa puiſſante perſonnalité, ſe conſervent-ils entiers chez lui, en dépit des revirements de la fortune, en dépit des glaces de l'âge? Oui, cet homme ne ſe dément pas; deux faits vont le montrer.

Pendant le ſiége de Capoue par les Romains, après la bataille de Cannes, Hannibal, on le ſait, les quitte, dérobe ſa marche, traverſe le pays des Samnites à grandes journées, approche de l'Arno, franchit cette rivière ſans être aperçu & vient camper à quarante ſtades de Rome. Dès qu'on le ſait dans cette ville, « la ſurpriſe, la terreur deviennent extrêmes : chacun croit toujours au jour où cette grande guerre va ſe décider (1) ». Le général carthaginois reſte plus calme. Que ſon deſſein ait été d'opérer une diverſion & de forcer Appius à lever le ſiége de Capoue, ou qu'il voulût tenter d'entrer dans Rome par ſurpriſe, le but était grand & très-important pour lui. Il ne s'en émeut pas & obſerve. Tout d'un

(1) POLYBE, livre IX, fragment 2. On penſa dans Rome qu'Hannibal apparaiſſait après avoir battu les troupes ſous Capoue. TITE-LIVE (XXVI, 9), retrace auſſi le triſte état de Rome agitée & épouvantée à l'approche d'Hannibal.

coup, la fortune romaine veut qu'une légion de nouvelle levée arrive & campe à proximité. Cette circonſtance, la dépoſition d'un déſerteur, d'autres motifs que nous ignorons (1), changent les projets d'Hannibal & il renonce à ſon coup de main (2). Il paſſe ainſi en peu d'inſtants de l'eſpoir le plus flatteur pour ſon ambition à une ſituation voiſine d'un échec, ou du moins ſon mouvement, ſa pointe, deviennent inutiles, compromettants même. Nonobſtant il demeure impaſſible, & toutes les pulſations de ſon cœur ſont employées à tirer ſes troupes du pas où elles ſont, à ramaſſer des proviſions, à étudier encore le pays & ſes adverſaires. Se maîtriſer à ce point, ne ſe laiſſer aller à aucune faute, même ſous le poids d'un déſenchantement, quelle ſublime conſtance chez l'être le plus variable, chez l'homme!

A la fin de ſon ſéjour en Italie, Carthage aux abois le rappelle. Il foule depuis dix-ſept ans le territoire romain, grâce aux reſſources de ſon inépuiſable génie, il peut encore s'y maintenir, car, certes, ce ne ſont pas les Romains qui l'en expulſent (3), il déſire même continuer la lutte

(1) Suivant Tite-Live (XXVI, 11), un violent orage ſe reproduiſit trois jours de ſuite exprès pour empêcher Hannibal de combattre ſous les murs de Rome, & de prendre cette ville s'il était vainqueur.

(2) C'eſt qu'il cède à un noble mobile, celui du *patriotiſme;* nous en reparlerons plus loin.

(3) La peur qu'il inſpirait à ſes adverſaires était telle encore que l'Italie ſe leva d'enthouſiaſme & fournit volontairement des armes, des bois de conſtruction, des proviſions, à Scipion l'Africain, quand

ſur le théâtre de ſes exploits. Pourtant il obéit, de ſon propre mouvement, parce qu'il ſait ſe vaincre (1) aſſez pour le vouloir : il obéit, donnant un grand exemple, celui de faire céder à la voix de la patrie ſa manière de voir, ſa renommée, tout, juſqu'à ſes eſpérances. Parmi les grands hommes, combien peu l'ont imité !

Ainſi, par l'effet que produit ſon apparition chez les Romains (2), par ſon admirable ſang-froid, par le ſacrifice du rôle qu'il s'était créé en Italie, Hannibal, *a priori*, apparaît au-deſſus des autres hommes : il intéreſſe par ces ſeuls côtés de ſon individualité, & dans le naufrage de la

il propoſa de combattre Hannibal en tranſportant la guerre en Afrique. — « On douta même, s'il n'eût pas été rappelé, ou ſi Carthage lui eût envoyé des renforts, qu'il eût été chaſſé de l'Italie. » FRÉDÉRIC-GUILLAUME, *Hiſt. des campagnes d'Hannibal en Italie*, 1812, t. I, p. XIV.

(1) TITE-LIVE (XXX, 20), rapporte qu'Hannibal entendit, de la bouche des envoyés carthaginois, l'ordre de ſon rappel « avec des frémiſſements de rage, avec de profonds ſoupirs, & les yeux pleins de larmes ». Ce trait me ſemble outré, d'autant plus que Tite-Live dit qu'Hannibal prévoyait ce rappel depuis longtemps.

(2) Il fut dans la deſtinée d'Hannibal de toujours inſpirer de la terreur aux Romains, qu'il fût préſent ou abſent, vainqueur ou vaincu; dans le but vers lequel il tendait, la deſtruction de la puiſſance romaine, ce fut la ſeule ſatisfaction qu'il goûta. « Dès ſon départ pour l'Afrique, dit un écrivain, on le redouta autant retiré que s'il eût été encore en Italie. On fit des ſupplications ſolennelles aux Dieux pour obtenir leur protection; le ſang des victimes coula ſur tous les autels; tous les temples furent ouverts & remplis avec cet empreſſement univerſel qu'inſpire la crainte des grands malheurs. On diſait que le danger de la République n'était pas fini par le départ d'Hannibal; qu'il n'avait fait que changer de province. » *Hiſtoire de Scipion l'Africain*, par SERAN DE LA TOUR, in-12, Paris, 1752, p. 160.

nationalité carthaginoiſe, n'eût-il ſurnagé que ces détails de ſa biographie, il reſterait grand ſans conteſte.

L'hiſtoire heureuſement rapporte de lui, de ſes actions, d'autres faits, d'autres détails : cherchons à les grouper & à en déduire une portraiture plus accuſée, plus complète.

Hannibal eſt un général de premier ordre (1) : ſa réputation eſt telle ſous ce rapport que ſa défiante patrie accepte la guerre parce qu'elle a foi dans ſes talents (2). Ses campagnes, ſes étonnants ſuccès (3), le proclament encore mieux. En cinq mois & demi (4), il accomplit la marche qui le porte de Carthagène dans les plaines du Pô, & ouvre ainſi au monde occidental la route de l'Italie, ſans « que la diminution de ſon armée ralentiſſe en rien ſon audace »; nous ſavons ce réſultat par une inſcription qu'il fit graver ſur une colonne près du promontoire Lacinium

(1) Un auteur moderne met Eugène de Savoie (guerrier de deuxième ordre), au-deſſus d'Hannibal comme général, mais ſans juſtifier ſa thèſe autrement que par des mots ſonores. Voyez *Penſées philoſophiques ſur la ſcience de la guerre*, Berlin, 1755, in-12, t. 2, p. 188.

(2) La foi en ſes talents devint de l'enthouſiaſme à ſon retour en Afrique.

(3) Par ce mot *étonnants*, nous ne voulons pourtant pas exagérer comme Cornélius Népos, qui, dit dans ſa *Vie d'Hannibal* (Chap. 1er) : « Il demeura vainqueur dans tous les combats qu'il nous livra ». Le lecteur s'en convaincra en liſant notre *Portrait militaire* d'Hannibal.

(4) Y compris les quinze jours du paſſage des Alpes.

& que les hiſtoriens mentionnent (1); cette marche, dont le parcours ne peut être déterminé avec préciſion que juſqu'au Rhône, a été louée par tous les militaires, & ſurtout par Napoléon qui a écrit : « Aucun plan plus vaſte, plus étendu n'a été exécuté par les hommes; l'expédition d'Alexandre fut bien moins hardie, bien plus facile; elle avait bien plus de chances de ſuccès (2)». Quelle ſtratégie auſſi à la fin de ſon ſéjour en Italie, alors que, réduit à une poignée d'hommes, il manœuvre au milieu d'armées nombreuſes, entre Tarente & Capoue, ſans ſe laiſſer entamer, & veillant, pendant ces marches & contremarches que les Romains prennent pour de l'inaction & nomment de l'impuiſſance, à l'exécution d'un vaſte plan, celui de ſoulever & la Sicile & la Macédoine contre cette Rome qu'il hait, qu'il combat, contre cette Rome qui lui prendra ſon génie & ſa vie! Avec quelle preſteſſe il échappe encore aux Romains après cette apparition ſous les murs de Rome, dont nous parlions tout à l'heure, comme il ſe joue des pourſuites tentées par les légions envoyées contre lui, repaſſant le Samnium, franchiſſant la Daunie & la Lucanie (3)! S'il ſe montre excellent ſtratégicien par

(1) POLYBE, livre III, chap. X.

(2) *Mémoires de Napoléon*, VIIe note ſur les *Conſidérations ſur l'art de la guerre* (du général ROGNIAT).

(3) « Le principe d'Hannibal, dit Napoléon, était de tenir ſes troupes réunies, de n'avoir garniſon que dans une ſeule place qu'il

fes marches & furtout par cette marche d'invafion, l'une des plus belles que préfente l'hiftoire (1), & dont la célérité mit à néant le plan de défenfe du fénat romain, il fe dévoile tacticien habile par fes manœuvres : au paffage du Rhône, outre fon attaque directe, il exécute une manœuvre tournante au moyen d'un détachement qui va traverfer le fleuve en amont (2) du point d'attaque, fond fur les ennemis & met le feu à leur camp; dans la journée de Cannes, il prend des ordres de bataille, tantôt convexes, tantôt concaves (3), & enferre la lourde (4) infanterie romaine comme dans un étau (5). N'oublions pas de dire au fujet des talents

fe confervait en propre, pour renfermer fes ôtages, fes groffes machines, fes prifonniers de marque & fes malades, s'abandonnant pour fes communications à *la foi de fes alliés.* » S'il fe fiait ainfi à fes alliés, c'eft que lui auffi agiffait loyalement avec eux. Voyez ci-après la note 2 de la page 22.

(1) Elle eft plus féconde en inftruction militaire que les marches de Xénophon & d'Alexandre. — Au point de vue guerrier, lifez-la de préférence dans les pages du général Saint-Cyr Nugues, intitulées : *Notice fur le paffage des Alpes par Hannibal,* & inférées au *Spectateur militaire* (juin 1837).

(2) « Ce détachement *remonta* le fleuve jufqu'à environ 200 ftades, où il trouva une petite île qui partageait la rivière en deux. » Polybe, III, 8.

(3) On combattait en plaine, ce qui facilitait les manœuvres; Hannibal avait *raifonné* d'après cette fituation.

(4) Varron l'avait rangée en ligne *pleine* fur *feize* hommes de profondeur (la légion romaine était ordinairement à intervalles & fur dix rangs de profondeur).

(5) A Zama même, il étend démefurément fon ordre de bataille afin de déborder l'ennemi, mais Scipion allonge encore plus le fien en ofant mettre fes princes & fes triaires fur la même ligne que fes haftaires.

d'Hannibal en ſtratégie & en tactique, que leur proclamation eſt aſſez contraire à l'appréciation que les écrivains romains font de ſa puiſſante individualité, mais qu'ils ſont inconteſtables par les réſultats (1); le colonel Carrion-Niſas, relativement à un paſſage où Polybe affirme que le héros carthaginois a plus vaincu « *par ſes ruſes & par ſa dextérité* que par ſa façon de s'armer & de ſe ranger », ne craint pas d'exprimer ainſi ſa penſée : « Ici l'on voit l'écrivain qui écrit à Rome, & qui veut plaire aux Romains; il ôte, autant qu'il le peut, ſans faire tort à ſon jugement, la gloire tactique & ſtratégique à Hannibal, pour la réduire à celle de la politique & de la ruſe, ſi voiſines de la perfidie & de la fourberie dont les Romains étaient convenus de former le fond du caractère d'Hannibal (2) ».

(1) Que croire de M. de Lo-Looz (*Recherches d'antiquités militaires*, 1770, in-4°, p. 193), qui, diſciple trop fidèle de Folard, oſe écrire : « On ne voit dans la conduite d'Hannibal que cette léthargie qui caractériſe les généraux médiocres, ou ceux à qui la tête a tourné; ſon ordonnance à Zama, ſur trois lignes ſans intervalles, ne peut paraître ni fine ni ruſée. *La vanité & la politique des Romains ont diſtribué des éloges au vaincu pour mieux décorer le triomphe du vainqueur.* » GUISCHARDT, ſi vertement critiqué par Lo-Looz, eſt plus juſte pour Hannibal tout en opinant qu'on a cherché «*plus d'art qu'il n'y en avait* dans ſes manœuvres en arrière à la bataille de Cannes». *Mémoires militaires*, chap. VIII.

(2) *Eſſai ſur l'hiſtoire générale de l'art militaire*, 1824, t. I, p. 211. GUISCHARDT, au chap. VII de ſes *Mémoires militaires*, ſignale la faute commiſe par Hannibal près de Gerunium « d'envoyer une grande partie de ſon armée au fourrage en préſence de l'ennemi ». Au chapitre ſuivant il montre le chef carthaginois *très-ſenſible* à un léger échec.

Ainſi, Hannibal a pratiqué à grande échelle la ſtratégie & la tactique : ſous ce rapport il marche de pair avec Alexandre & Céſar, & il a lutté contre des adverſaires plus rudes que ceux d'Alexandre, auſſi rudes que ceux de Céſar.

Continuons l'examen de ſes qualités guerrières.

Sans doute ce chef aux grands moyens négligera les tentatives ſecondaires : non, il y recourt, il y excelle, & on le trouve tellement naturel dans leur emploi que l'on ſe demande s'il n'a pas débuté dans la carrière comme officier particulier, au lieu de commencer par le commandement d'une armée. Citons de ces tentatives. A la bataille de la Trébie, il cache dans le ravin profond où coule la Trébie (1) qui ſépare les deux armées, il cache, diſons-nous, 1,000 fantaſſins & 1,000 cavaliers numides, & quand les Romains provoqués à deſſein traverſent la rivière & que la bataille eſt engagée, cette embuſcade ſort vivement & prend en queue les légions du centre (2). Je dis cette *embuſcade* & j'ai tort : c'eſt mieux, une véritable réſerve placée ſur ſon flanc, & qui rappelle involontairement la belle & prudente manœuvre réaliſée quinze ſiècles plus tard à la bataille de Tagliacozzo, par le chevalier français de Valery.

(1) Suivant Polybe (III, 14), ce ſerait dans le ravin, non de la Trébie, mais d'un « ruiſſeau dont les rives aſſez hautes étaient encore hériſſées de ronces & d'épines fort ſerrées ».

(2) Polybe, III, 15.

Ce n'eſt pas que la ruſe lui déplaiſe, qu'il la néglige. Des plus grandes conceptions il paſſe aux détails vulgaires, & les traite avec une ſoupleſſe ſi ingénieuſe, avec un talent tellement hors ligne, qu'il les élève par ſa ſupériorité & les rend dignes de l'attention de la poſtérité. Prenons pour exemple la ruſe des bœufs. Il s'agiſſait de ſortir du territoire de Falerne où Fabius l'avait acculé en s'emparant du défilé par où il devait paſſer, lui, ſes troupes, & le butin fait par elles dans la Campanie. « Il fait appeler Haſdrubal, qui avait à ſes ordres les pionniers de l'armée, raconte Polybe (1), au récit duquel nous n'ajouterons pas un mot; il lui ordonne de ramaſſer le plus qu'il pourrait de morceaux de bois ſec & d'autres matières combuſtibles, de les lier en faiſceaux, d'en faire des torches, de choiſir dans tout le butin environ 2,000 des plus forts bœufs, & de les conduire à la tête du camp. Cela fait, il dit à cette troupe de manger & de ſe repoſer. Vers la troiſième veille de la nuit, il fait ſortir du camp les pionniers, & leur ordonne d'attacher les torches aux cornes des bœufs, de les allumer, & de pouſſer ces animaux à grands coups juſqu'au ſommet d'une montagne qu'il leur montre, & qui s'élevait entre ſon camp & les défilés où il devait paſſer. A la ſuite des pionniers, il fait marcher les ſoldats armés à la légère

(1) Livre III, chap. xx, traduction de dom Thuillier.

pour leur aider à preſſer les bœufs, avec ordre, quand ces animaux feraient en train de courir, de ſe répandre à droite & à gauche, de gagner les hauteurs avec grand bruit, de s'emparer du ſommet de la montagne, & de charger les ennemis en cas qu'ils les y rencontraſſent. En même temps il s'avance vers les défilés, ayant à ſon avant-garde l'infanterie peſamment chargée, & au centre la cavalerie ſuivie du butin, & à l'arrière-garde les Eſpagnols & les Gaulois. A la lueur de ces torches, les Romains qui gardaient les défilés croient qu'Hannibal prend ſa route vers les hauteurs, quittent leurs poſtes & courent pour le prévenir. Arrivés proche des bœufs, ils ne ſavent que penſer de cette manœuvre, ils ſe forment du péril où ils ſont une idée terrible (1), & attendent de là quelque événement ſiniſtre. Sur la hauteur, il ſe produit quelques eſcarmouches entre les Carthaginois & les Romains; mais les bœufs, ſe jetant entre les uns & les autres, les empêchent de ſe joindre, & en attendant le jour on ſe tient de part & d'autre en repos. Fabius fut ſurpris de cet événement. Soupçonnant qu'il y avait là quelque ruſe de guerre, il ne bougea point de ſes retranchements, & attendit le jour, ſans ſe départir de la réſolution qu'il avait priſe de ne point s'engager dans une

(1) Polybe répète ſouvent cette image quand il montre les Romains aux priſes avec quelque procédé nouveau d'Hannibal.

action générale. Cependant, Hannibal profite de fon ftratagème. La garde des défilés n'a pas plûtot quitté fon pofte, qu'il les fait traverfer à fon armée & au butin; tout paffe fans le moindre obftacle. »

Le côté ingénieux de l'efprit d'Hannibal s'appliquait également au perfectionnement de l'immenfe matériel qui fuit & encombre une armée. Au paffage du Rhône, fes éléphants fe raidiffent à la vue de l'eau & refufent d'y entrer; auffitôt, par fes ordres, on joint des radeaux deux à deux, on en recouvre quelques-uns de terre & de gazon, afin de rendre le pont volant qu'ils forment entièrement femblable au chemin traverfé par ces animaux pour en approcher; à peine, trompés par cette route factice, les éléphants font-ils venus fur les radeaux, qu'on détache ces radeaux, qu'on les entraîne au grand étonnement des éléphants qui, inquiets, remuent d'abord, puis finiffent par refter en place, regardant l'eau avec frayeur (1).

Et fa perfpicacité morale? toutes fes actions en témoignent. Comme il attire Sempronius avant la bataille de la Trébie, au moyen de fes

(1) Ce procédé pour faire paffer le Rhône aux éléphants, me remet en mémoire la méthode ingénieufe imaginée par les officiers de Bonaparte, de placer chaque canon démonté entre deux troncs d'arbre, tirés enfuite avec des cordes fur la neige & la glace, pour lui faire franchir le grand Saint-Bernard (1800). Lifez à ce fujet le tome I de l'*Hiftoire du Confulat & de l'Empire*, de M. Thiers, p. 368.

cavaliers numides si prestes, mais en faible nombre, afin de lui faire croire à une occasion favorable; comme il sait lui ménager de petits avantages pour l'encourager dans sa démarche, dans son mouvement en avant; comme il le provoque ensuite par des escarmouches pour l'y faire persister! — Avant la journée de Trasimène, avec quel art il irrite par ses dévastations le consul Flaminius, dont il vient d'étudier minutieusement & par un admirable instinct philosophique le caractère (1), la violence, le peu de portée; & quand ce dernier approche, courroucé d'un tel outrage, peiné d'une telle ruine, comme il réduit tout en cendres au lieu de se borner à de simples dévastations. — Il joue un rôle semblable, vis-à-vis de Varron, la veille de la bataille de Cannes : les soldats de ce consul venant chercher de l'eau à l'Aufide, il envoie sa cavalerie pour les en empêcher, ce qui pique le chef romain jusqu'au vif, & le porte le lendemain même, jour où il avait le commandement, à faire ressortir à la fois les troupes des deux camps romains & à livrer cette sanglante bataille où il essuya la plus terrible défaite.

(1) A ce sujet, POLYBE présente une observation sagace : « C'est être ignorant & aveugle dans la science de commander les armées, que de penser qu'un général ait quelque chose de plus important à faire que de s'appliquer à connaître les inclinations & le caractère de son antagoniste. » Livre III, chap. XVII. — Hannibal devine ensuite Minucius comme il a deviné Flaminius (Voyez POLYBE, III, 22). — Dans le mémoire relatif à l'*Art des indices*, nous avons accusé l'utilité de cette prescience.

Quelle adreſſe le général carthaginois déploie dans les moindres choſes! Il dreſſe ſes plans ſur des reconnaiſſances, auxquelles on n'attachait pas alors la même importance que de nos jours, ſouvent il les exécute en perſonne & longtemps à l'avance (1); c'eſt ſon habitude quand il s'agit de livrer bataille, & qu'on s'étonne enſuite de ſes ſuccès dans ces grandes journées où il opère ſur un terrain qui lui eſt devenu auſſi familier que celui où il a paſſé les joyeuſes heures de ſon enfance. S'il tend une embuſcade, il ne ſe fie qu'à lui pour tirer parti des circonſtances locales, & emploie une nuit entière, au beſoin, à cette opération préparatoire (2). Dès qu'il a ramaſſé ſuffiſamment de dépouilles dans ſes victoires, il arme ſon infanterie africaine à la romaine, rendant ainſi hommage à l'excellent armement de ſes adverſaires, & montrant qu'il ne nourrit aucun préjugé, qu'il comprend combien l'art militaire doit plier ſes règles, ſes moyens, au pays dans lequel il s'exerce, qu'il doit être univerſel & non excluſif. Ses troupes ſe découragent-elles, il s'en occupe, leur fait diſtribuer amplement de quoi ſe refaire, puis leur explique une partie (3) de ſes projets (4), attire leur attention ſur les avan-

(1) Polybe, III, 10 & 14.

(2) Polybe, III, 17.

(3) « Sans leur expliquer *ouvertement* ſon deſſein. » Polybe, VIII, frag. 8.

(4) Polybe, III, 9.

tages du terrain où elles vont combattre. « Carthaginois, leur demanda-t-il avant la bataille de Cannes, dites-moi, ſi les dieux vous donnaient le choix, ce que vous pourriez ſouhaiter de plus avantageux, ſupérieurs en cavalerie comme vous l'êtes, que de diſputer l'empire du monde dans un pareil terrain (1) »; cette ſimplicité & cette logique valent le plus beau mouvement oratoire (2).

Les ordres d'Hannibal étaient ſouvent minutieux (3), il exigeait beaucoup des ſiens, & pourtant les ſoldats l'aimaient; ils l'aimaient au point que jamais l'un d'eux, malgré leur origine diverſe, ne chercha à le trahir, ce qui arrache un cri d'admiration à Polybe (4); ils l'aimaient & ſe conſidéraient comme rivés à ſa perſonne, à ſes entrepriſes (5). Il faut, ſans doute, attribuer ce réſultat à l'influence exercée par la ſupériorité de ce chef ſur l'eſprit peu cultivé de ſes guerriers, mais il faut auſſi en conclure l'exiſtence chez lui de deux qualités morales qui ne nuiſent jamais à un général, la fidélité aux engagements

(1) POLYBE, III, 23.

(2) Hannibal n'était pas orateur; PLUTARQUE le dit formellement dans ſes *Préceptes d'adminiſtration publique. Œuvr. morales*, trad. Ricard, Éd. Didier, 1844, gr. in-18, t. IV, p. 91.

(3) Liſez la manière dont il ſurprend Tarente, POLYBE, VIII, frag. 8.

(4) Livre XXIV, frag. 4.

(5) LOSSAU. *Ideale der Kriegführung in einer Analyſe der Thaten der groſten Feldherren*, Berlin, 1836, t. I, p. 283.

& la ſympathie (1). Aurait-il conſervé auſſi longtemps ſes alliés, que la ſeule fortune de Rome lui arracha, ſi ſa perſonne & ſes allures leur avaient été antipathiques, s'il avait agi déloyalement dans ſes relations avec eux (2).

Une objection m'arrête, je le ſens, à propos de la loyauté que j'attribue au grand Hannibal (3) : Et la *foi punique !* me dit-on, vous l'oubliez. Je l'oublie ſi peu que j'ai cherché ſi l'exact Polybe, plus réſervé, plus véridique (4) que d'autres hiſtoriens romains, en parlait avec colère & fiel. Hélas, cet écrivain lui-même ne ſemble guère s'être tenu en garde contre le ferment que ſoulèvent en nous, ſouvent à notre inſu, les paſſions

(1) Justin (*Abrégé*, livre XXXII, chap. iv), en conclut la *modération* d'Hannibal ; à mon ſens, ce guerrier fut plus politique & prudent que modéré.

(2) Lossau, *Ideale der Kriegführung*, p. 284. Nous parlons ſurtout ici de la première moitié du ſéjour d'Hannibal en Italie. A la fin, obligé, par meſure de ſûreté, d'abandonner ſubitement telle ou telle ville, il ne tint pas auſſi bien ſes obligations, « mais ce fut, dit Polybe lui-même (fin du fragment 6 du livre IX), une néceſſité des temps & des circonſtances ». Voyez la note 3 de la p. 12 de cet *Eſſai*.

(3) « On s'eſt inquiété de la moralité d'Hannibal, de ſa religion, de *ſa bonne foi*, dit M. Michelet (*Hiſt. rom.*, République, 1831, t. I, p. 214) ; il ne ſe peut guère agir de tout cela pour le chef d'une armée mercenaire. » Et pourquoi ? Guſtave-Adolphe avait autant de mercenaires que de ſoldats nationaux, Frédéric en comptait beaucoup dans ſon armée ; la ſévérité & l'influence d'un grand homme peuvent les contenir auſſi dans les bornes d'une moralité & d'une bonne foi relatives. Nous enviſageons la *loyauté* d'Hannibal ſeulement par rapport à ſes ſoldats & à ſes alliés, &, à l'égard de ces derniers, durant les premiers temps de ſon ſéjour en Italie, comme nous venons de le dire dans la note précédente.

(4) Preſque tous les témoignages s'accordent à louer ſon impartialité.

du moment. Il dit à propos des ſoi-diſants déguiſements (1) que revêtait Hannibal à ſon entrée en Italie pour ſe dérober aux attentats contre ſa vie (2) : « Dans ce même quartier d'hiver, il s'aviſa d'un ſtratagème *vraiment carthaginois* (3) ». Puis, parlant des ſuites de la bataille de Traſimène, il repréſente le général ennemi « accablant les Romains d'injures & d'opprobres » en préſence des priſonniers qu'on lui amène (4). Ces deux narrations ſuffiraient pour mettre en garde contre les inſinuations de Polybe. Aſſurément Hannibal avait une propenſion à la ruſe, nous l'avons dit, & il a cherché à tromper les Romains, comme on trompe ſes adverſaires pour les abattre & pour les vaincre; aſſurément auſſi les Carthaginois ont pu mettre parfois de la mauvaiſe foi dans les négociations; leur

(1) Il me ſemble que quand on commande à une armée, on a d'autres moyens que des perruques variées pour défendre ſa vie; l'hyperbole eſt un peu forte de faire d'Hannibal l'acteur le plus conſommé.

(2) Polybe revient encore ſur cette attention d'Hannibal à préſerver ſa vie, quand il le loue de ne pas aſſiſter aux engagements partiels. Voici le paſſage auquel je fais alluſion : « Hannibal me paraît un grand capitaine; mais en quoi je trouve qu'il a excellé, c'eſt que pendant tant d'années qu'il a fait la guerre, & pendant leſquelles il a éprouvé tant & de ſi différents effets de la fortune, il a eu l'adreſſe de tromper bien ſouvent le général ennemi dans des actions particulières, ſans que jamais ſes ennemis aient pu le tromper lui-même, malgré le grand nombre de batailles & de combats conſidérables qu'il a livrés; tant étaient grandes les précautions qu'il prenait pour la ſûreté de ſa perſonne. Et en cela on ne peut que louer ſa prudence. »

(3) Polybe, III, 16.

(4) Polybe, III, 18.

génie oriental, leurs malheurs, ont pu les pouſſer à le faire, & d'ailleurs, quand l'antagoniſme devient auſſi prononcé qu'entre eux & les Romains, il arrive un moment d'acrimonie où chacun ſe jette à la tête ce reproche de mauvaiſe foi (1). Mais la *foi punique* miſe en relief à chaque inſtant, ſans ceſſe impoſée aux Carthaginois, à leurs gouvernants, à leurs généraux, comme une tache originelle, indélébile, comme une monſtruoſité qui juſtifie la pourſuite acharnée de Rome & leur diſparition du globe, cette foi punique, oſons le dire, c'eſt la foi des vaincus, qui ne ſont plus dignes de rien, ni d'eſtime ni même de pitié, dès que le glaive les a condamnés, qui ont pour ſort unique, ſans appel, d'être voués au malheur (2). Les Romains les en drapent comme d'un voile funèbre, eſpérant bien que ſous ce crêpe prémédité, ils ne ſortiront jamais de l'oubli, ils ne ſe réveilleront jamais pour venir leur diſputer l'empire du monde. C'eſt ainſi qu'un peuple marche à l'accompliſſement de ſes deſtinées, j'y conſens : la cruauté, même vis-à-vis les morts, lui ſert de moyen [& en préſence de cette cruauté ſyſtématique il me ſera permis de paſſer

(1) Les Romains eux-mêmes n'ont-ils pas violé vis-à-vis des Carthaginois le traité de Catulus ? et comment ont-ils acquis la Sardaigne ? (Voyez Polybe, fin du chap. xviii du livre Ier.)

(2) *Væ victis!* — Vercingétorix en eſt un autre exemple, car les deſcendants des Gaulois n'ont d'admiration que pour Céſar, ſon vainqueur.

ſous ſilence les traits cruels (1) commis par Hannibal (2)]; mais combien je préfère Alexandre le Grand, vainqueur, lui auſſi, & vainqueur omnipotent, mandant Porus & lui diſant : « Comment faut-il que je te traite (3) ? »

Parmi les qualités morales du héros carthaginois, nous citerons la prudence & l'énergie, rarement réunies, mais qui font merveille quand le même homme en eſt doué & les pratique.

Dès ſes débuts ſur la ſcène, Hannibal joue de prudence. Avant de déclarer guerre ouverte aux Romains, il s'attache à devenir paiſible poſſeſſeur de l'Eſpagne (4); avant d'aller en Italie, il pourvoit à la ſûreté de l'Afrique & de l'Eſpagne (5); il renvoie même volontairement dans ce dernier pays, au paſſage des Pyrénées, 10,000 Eſpa-

(1) Par exemple, il fit périr, dit-on, les Italiens à ſon ſervice qui refuſèrent de le ſuivre en Afrique; il était alors dans un moment de lutte avec lui-même pour ſavoir s'il obéirait à ſon ordre de rappel.— En revanche, il fit grâce aux habitants de Salmantique qui avaient violé leur traité avec lui. PLUTARQUE, *Actions courageuſes des femmes*, les Salmantides.

(2) POLYBE (livre IX, fragment 6), avoue qu'Hannibal refuſa de nourrir ſon armée de chair humaine. — Frontin rapporte avec gravité qu'Hannibal conſeilla à Antiochus de faire jeter des *potées de vipères* ſur les vaiſſeaux ennemis; comme ſi ces animaux dangereux ſe trouvaient en aſſez grand nombre dans un pays habité par l'homme pour qu'on puiſſe les ramaſſer à la pelle.

(3) *En roi*, répondit Porus, & Alexandre lui rendit ſes États. Même en tenant compte de la rudeſſe des mœurs de l'antiquité, quel homme ne louera Alexandre de ſa magnanimité & ne blâmera les Romains de leur acharnement implacable vis-à-vis la mémoire de Carthage.

(4) POLYBE, III, 4.

(5) POLYBE, III, 7.

gnols dont une partie ne le ſuivait qu'à regret dans ſa grande expédition contre Rome. Il ſe retire devant l'ennemi & ſe réduit à la défenſive, quand ſa défaite lui paraît probable en bataille rangée (1). Même au milieu d'un combat, après un échec, lui que l'on repréſente comme emporté & colère (2), il fait arrêter les ſiens (3), & renonce à une action générale, ſi cette action ne convient pas à ſa ſituation, à ſes deſſeins; c'eſt ce qui lui arrive au combat de cavalerie contre Sempronius, pendant que Publius Scipion ſouffre d'une bleſſure, un peu antérieurement à la bataille de la Trébie (4). Rarement auſſi il affronte des troupes fraîches, lorſque les ſiennes ſont déjà fatiguées (5), & chacun ſait combien de fois, après ſes victoires (6), il renonça prudemment aux avantages que ſemblait lui promettre une marche rapide ſur Rome. A ces faits nous ajouterons un témoignage irrécuſable ſur le paſſage des Alpes : « Hannibal, dit Polybe (7), conduiſit cette grande affaire *avec beaucoup de prudence*. Il s'était informé exactement de la nature & de la ſituation des lieux où il s'était propoſé

(1) Polybe, III, 4.

(2) Polybe, III, 4.

(3) C'eſt à la fois de la prudence & de la *patience* : la patience bien placée eſt, en effet, un des moyens que le génie ne dédaigne pas.

(4) Polybe, III, 14.

(5) Polybe, III, 22.

(6) Après Thraſymène (Polybe, III, 18), après Cannes.

(7) Livre III, fin du chap. IX.

d'aller; il ſavait que les peuples où il devait paſſer n'attendaient que l'occaſion de ſe révolter contre les Romains; enfin, pour n'avoir rien à craindre de la difficulté des chemins, il s'y faiſait conduire par des gens du pays, qui s'offraient d'autant plus volontiers pour guides, qu'ils avaient les mêmes intérêts & les mêmes eſpérances. Je parle avec aſſurance de toutes ces choſes, parce que je les ai appriſes de témoins contemporains, & que je ſuis allé moi-même dans les Alpes pour en prendre une exacte connaiſſance. »

Si le paſſage des Alpes montre la prudence d'Hannibal, il prouve encore mieux ſon indomptable énergie. Qui ne ſe rappelle le tableau ſaiſiſſant tracé par le pinceau nerveux de Tite-Live? « Ce fut, rapporte cet écrivain, une lutte terrible & contre la glace où l'on ne pouvait aſſurer ſes pas, & contre la pente rapide où le pied manquait à chaque inſtant. Lorſque les ſoldats s'étaient relevés à l'aide de leurs mains & de leurs genoux, ces appuis venant à les trahir, ils tombaient de nouveau, n'y ayant nulle part ni troncs ni racines auxquels ils puſſent s'accrocher des pieds ou des mains; ils ne pouvaient que rouler ſur la glace unie & ſur la neige fondue. » Et plus loin : « Il fallut beaucoup de peine pour déblayer le ſommet de la montagne, à cauſe de la neige à enlever, de la roche à tailler, des arbres énormes à abattre (1) ». Quel homme encouragea les ſoldats carthaginois dans cette lutte ſuprême contre la nature? qui les y fit réuſſir? Hannibal, ce chef que nulle difficulté ne rebutait.

Les qualités morales que nous venons de ſignaler chez Hannibal ne ſont pas des qualités privées : elles s'exercent au grand jour pour le profit de tous, comme il convient chez un homme ſupérieur. Elles nous amènent donc à parler de ſes qualités d'homme public, influent : parmi ces dernières, nous relèverons ſon aptitude pour la politique & ſes tendances patriotiques.

Dans ſa marche d'Eſpagne en Italie, il s'attache à ſe concilier l'amitié (2) des nations dont il traverſe le territoire, au point qu'aucune d'elles ne l'attaque, ne contrarie même ſes deſſeins; une fois en Italie, il traite avec douceur les peuples alliés de Rome, leur rend leurs priſonniers, s'annonce à eux comme leur libérateur (3). Voilà, ou je me trompe, de la ſaine politique. Le héros carthaginois obtient ainſi des réſultats immenſes, car en s'uniſſant à lui « les peuples d'Italie, comme l'a juſtement remarqué le géné-

(1) Tite-Live, XXI, 36, 37. — Je paſſe ſous ſilence l'emploi du vinaigre pour la deſtruction des rochers, emploi qui ſemble reprendre faveur en 1870; cela n'a pas de rapport direct avec le caractère d'Hannibal.

(2) Polybe, III, 8.

(3) Polybe, III, 16. C'eſt toujours comme libérateur qu'on commence une guerre; il ſuffit de rappeler Guſtave-Adolphe au début de la guerre de Trente-Ans.

ral Frédéric-Guillaume, dans l'avant-propos de ſon *Hiſtoire des campagnes d'Hannibal,* les peuples d'Italie ſemblaient oublier que les Romains étaient leurs compatriotes, & que leur chute les entraînait ſous un joug étranger. Cependant, ajoute-t-il, les Bruttiens, les Lucaniens, les Tarentins, les Salentins, les Apuliens, les Samnites, preſque toute la Campanie & le Picénum lui fournirent des ſecours; les Capouans, ces fidèles alliés des Romains, en devinrent les plus cruels ennemis; l'Étrurie balança, &, ce qu'on n'avait jamais vu, douze des trente colonies romaines gardèrent pendant une partie de la guerre une coupable neutralité. » En rentrant dans Carthage, Hannibal prouva encore mieux ſon inſtinct politique par les alliances qu'il ménagea à ſa patrie.

Hannibal fut mis en avant par la faction d'Hannon & il devint, chez les Carthaginois, le chef du parti démocratique. Qu'il ait employé à ſe concilier des partiſans & des ſuffrages les dépouilles des vaincus & l'argent amaſſé à la guerre, principalement le butin conquis ſur Sagonte, au prélude de ſa carrière, comme l'indique Polybe (1), il n'eſt pas permis d'en douter; l'habitude du trafic & du commerce devait rendre ſes concitoyens plus faciles à gagner, & un chef ambitieux (il l'était) cède volontiers à la tenta-

(1) Polybe, III, 4.

tion que lui offre cette facilité trop commune; toutefois eſt-ce bien aux enfants de Rome, *cette ville à vendre* (1), à reprocher l'emploi de ce moyen au héros Carthaginois ? Ce qu'il y a de certain, c'eſt qu'Hannibal ne capte pas la popularité pour en tirer bénéfice; jamais il n'a ſongé à ſe créer chef de Carthage pour y vivre tranquillement, à ſon gré, de la façon commode & joyeuſe que Cinéas recommande à Pyrrhus; jamais non plus, en Europe, il n'a penſé à ſe faire prince d'un petit État & à y couler heureuſement ſes jours. Quand il veut avoir de l'influence ſur les ſiens, c'eſt dans des vues patriotiques, déſintéreſſées : tel il ſe montre en Italie, tel il ſe montre encore à ſon retour en Afrique, après une abſence de trente-ſix années (2), bien faite pour le changer.

En effet, tant qu'il reſte en Italie, pourquoi veut-il être écouté & obéi des Carthaginois ? pour en obtenir des renforts & pouvoir continuer la guerre contre les Romains, pour tirer ſa patrie des exigences & des meſquineries de l'intérêt individuel & momentané ſi puiſſant chez un peuple excluſivement marchand (3), pour diriger enfin Carthage dans les meilleures voies politiques

(1) Le mot eſt de Jugurtha.

(2) Il était ſorti de ſa patrie à neuf ans.

(3) « ... *Le mépris du guerrier* pour les marchands parmi leſquels il ſiégeait. » MICHELET, *Hiſt. rom.* République, 1831, t. II, p. 46.

propres à ruiner ſes terribles adverſaires & à lui valoir enſuite la ſuprématie dans le monde.

Revenu en Afrique, malgré lui, par un grand acte de patriotiſme (1), pourquoi ſe fait-il nommer ſuffète, c'eſt-à-dire premier magiſtrat de la République? afin de réformer Carthage qu'il ſavait être en arrière de Rome & comme art ſocial, & comme art militaire. Et que réforme-t-il? — Il rend des droits au peuple & abat l'oligarchie ; paſſons, ce peut être par eſprit de parti, pour ramener les ſiens au ſommet de l'échelle. — Il introduit l'ordre & l'économie dans les finances ; voilà une amélioration qui ne devait rien lui rapporter, mais qui, ſans nouveaux impôts, allait permettre d'acquitter le tribut & préparer des reſſources (2). Et pourtant il était avare, hiſtoriens, commentateurs, tous le diſent (3) : en ce cas il ceſſe de l'être par patriotiſme; je dirai mieux, car le dédain avec lequel il jette aux ſénateurs conſternés du tribut que les Romains impoſent, ces mots ſi connus : *Vous pleurez ſur votre argent*, ce dédain ne permet guère d'ajouter une foi entière à cette accuſation continuelle d'avarice. — Il s'allie avec les rois grecs,

(1) Voyez ci-deſſus, p. 9, l'alinéa commençant par ces mots : *A la fin de ſon ſéjour*.

(2) TITE-LIVE, XXXIII, 47.

(3) POLYBE, IX, fragment 6. — On aſſure qu'à Candie il cacha ſes tréſors dans les creux des ſtatues des divinités (SERAN DE LA TOUR, *Hiſt. de Scipion l'Africain*, p. 240).

fucceffeurs du grand Alexandre. — Il creufe de nouveaux ports, il fait des plantations d'oliviers. — Il perfectionne l'organifation, la tactique des troupes carthaginoifes.

Je le demande, font-ce là les mefures prifes par un homme qui veut « gouverner fa patrie par la violence & l'écrafer fous un defpotifme militaire », comme le prétend le chancelier Michel de L'Hofpital (1), comme l'affure Montefquieu (2)? Non, Hannibal a pu avoir des moments de découragement en fe voyant abandonné par fa patrie, & ne ftipuler, en conféquence, avec le roi de Macédoine, Philippe, que pour fon armée & non pour Carthage, mais il n'a pas affez d'égoïfme pour plonger les Carthaginois dans une fervitude dont il deviendrait le chef omnipotent; il exerce une *bienfaifante* tyrannie, uniquement pour réparer plus vite les pertes de Carthage; il ne fera pas comme Céfar, deux fiècles plus tard; il ne fe croira pas un Dieu, comme fon prédéceffeur Alexandre, pour avoir rempli fur la terre fa miffion providentielle (3).

(1) *Poéfies latines*, traduction par M. Bandy de Nalèche, gr. in-18, 1857, livre IV, épitre 1re, à Guy du Faur de Pibrac, *Sur l'amour-propre & l'ignorance de foi-même*, p. 207.

(2) « Dans quel danger n'eût pas été la République de Carthage, fi Hannibal avait pris Rome? Que n'eût-il pas fait dans la ville après la victoire, lui qui y caufa tant de révolutions après fa défaite. » *Efprit des lois*, X, 6.

(3) Celle de vaincre les Perfes & de donner la direction du monde alors connu à la race grecque. En foutenant mieux Hannibal, cette race pouvait détruire Rome & conferver ainfi fa prééminence. Han-

Malgré tout ce qui précède, il eſt malaiſé de ſe faire une idée générale du caractère d'Hannibal. Polybe déclare déjà que « la vérité eſt difficile à reconnaître ſur lui comme ſur tous ceux qui ont été à la tête des affaires publiques (1) ». Que fera-ce donc pour nous qui écrivons à vingt ſiècles de Polybe, & lorſque nous ne poſſédons pas la moitié de ſes écrits hiſtoriques ? Nous en ſerons réduits, ſuivant l'expreſſion du général de Loſſau (2), « à quelques points de lumière qui brillent dans un tableau obſcur » ; mais, au dire du même auteur, ces points peuvent ſervir de guides, & à cauſe de cela, doivent être raſſemblés.

Eſſayons encore de glaner & d'obtenir en généraliſant.

Hannibal avait le caractère ſérieux : il viſait aux choſes grandes, utiles; les détails lui étaient ſimples paſſe-temps. Chez lui, on ne rencontre aucune trace de frivolité; nul indice qu'il ait cédé à la vanité, comme Alexandre le Grand, à la bonne chère, comme Lucullus, à l'amour, comme Céſar. Il puiſait ſans doute ſes diſtractions dans la lecture, car il avait des lettres (3),

nibal ſemble être à Carthage non-ſeulement le chef de la faction Barcine, mais avec cette faction, le chef du parti populaire & vraiment national.

(1) Polybe, livre IX, fragment 6.

(2) *Ideale der Kriegführung*, déjà cité, t. I, p. 284.

(3) Il parlait & écrivait en grec; il avait même compoſé une hiſtoire militaire qui malheureuſement eſt perdue.

& dans ses pensées, car il était peu communicatif (1); l'égalité de son caractère le lui permettait plus qu'à tout autre.

Hannibal avait le caractère sensé (2) : on s'en aperçoit dans les malheurs de sa patrie. Qui alors élève la voix pour que l'on se résigne à l'adoption des conditions imposées par les Romains vainqueurs ? lui seul (3), & ce n'est pas qu'il les trouve avantageuses & bénignes, c'est parce qu'il comprend que dans leur acceptation réside la seule chance de salut qui reste à sa patrie (4).

Hannibal avait le caractère rude : toute sa carrière, son impassibilité même (5), le témoignent. N'eut-il cependant jamais un mouvement de sensibilité sous le masque? Sa conduite à

(1) POLYBE a beau parler des *conseils de ses amis* qui l'ont souvent changé, il résulte plutôt de l'impression laissée par ses actes & sa conduite, qu'Hannibal communiquait rarement ses projets à d'autres, & plus rarement encore se rangeait à leur avis.

(2) Ceci rappelle son propos à Antiochus hésitant à livrer bataille, malgré son opinion, à cause de la situation des entrailles de la victime qu'il immolait en sacrifice : « Eh quoi ! vous ajoutez plus de foi à la chair d'un animal qu'à l'avis d'un homme sensé ». (PLUTARQUE, *De l'exil.*)

(3) Je ne vois pas en cela le dépit dont parle M. DE BEAUJOUR, *De l'expédition d'Hannibal en Italie*, 1832, p. 68.

(4) POLYBE, XV, fragment 1. — Au chap. XIX de son livre III, POLYBE nous montre encore Hannibal « raisonnant avec sagesse ».

(5) Quand, après la bataille du Métaure, le consul Néron, vainqueur, fit jeter dans son camp la tête de son frère Hasdrubal, il dit simplement : « Je reconnais là la fortune de Carthage ». Cette amère simplicité pourrait bien aussi voiler une fibre sensible intérieure, & contenir des larmes pour son frère.

l'égard des reſtes de Marcellus, tué dans un combat contre lui, le donnerait à penſer. Dès qu'il apprend ſa mort, il accourt en effet, obſerve ſes traits, manifeſte ſon étonnement d'un trépas auſſi inattendu, couvre ſon corps d'ornements & l'enſevelit avec magnificence, le brûle, puis envoie à ſon fils ſes cendres renfermées dans une urne que ſurmonte une couronne d'or (1).

Il ſavait conduire les hommes (2). Quand il s'agit de former un détachement dont la miſſion eſt épineuſe, il n'en choiſit lui-même que le $\frac{1}{10}$ environ, & laiſſe à ce petit nombre d'élus le ſoin de déſigner les autres (3); quelle confiance & quel honneur pour les ſoldats nommés par lui, & quelle émulation devait produire une auſſi digne façon d'agir!

Il était juſte. Quand Fabius temporiſe vis-à-vis de lui, & que tout le monde, à Rome & à Carthage, accuſe le Temporiſeur & en rit, qui lui rend juſtice? Hannibal (4).

Si, toute incomplète qu'elle eſt, notre peinture a fidèlement reproduit les réflexions auxquelles notre eſprit s'eſt arrêté à propos de la grande

(1) Plutarque, *Vie de Marcellus*.

(2) Sans être orateur, ne l'oublions pas, ne ſerait-ce que pour nous défier des diſcours que les hiſtoriens lui prêtent.

(3) Carrion-Nisas, t. I, p. 248, note. — Polybe, en tête du chap. vx du livre III, ne rapporte pas, d'après la traduction de dom Thuillier, la choſe tout à fait ainſi.

(4) *Traité de la gloire*, par de Sacy, La Haye, 1715, p. 11.

figure hiſtorique d'Hannibal, le lecteur doit être une fois de plus convaincu de ce réſultat acquis & conſacré par un enſeignement ſéculaire, que le vainqueur de Cannes ſurpaſſe en grandeur tous ſes contemporains, même Scipion (1).

Dans des parallèles ſéduiſants, divers hiſtoriens ont plaidé la ſupériorité de Scipion l'Africain ſur Hannibal, du vainqueur ſur le vaincu; cette ſupériorité, la brutalité du fait la donne évidemment au vainqueur; mais les hiſtoriens, qui ſe ſont donné la peine d'y ajouter une démonſtration, « ne font pas attention, dit Seran de la Tour (2), à la ſupériorité de valeur des ſoldats & des officiers romains, ſur les ſoldats & les officiers carthaginois, ſupériorité qui inſenſiblement doit amener le ſuccès que l'on donne d'ordinaire tout entier & injuſtement (3) à l'habileté du général». Ils ne font pas attention non plus qu'Hannibal fut vaincu à la fin par ſes propres armes; car, à Zama, ce ſont les cavaliers numides, jadis ſes

(1) GUISCHARDT remarque avec raiſon (*Mémoires militaires ſur les Grecs & les Romains*, chap. VIII), que les Romains n'avaient pas, dans les premiers temps de leur lutte avec Hannibal, « un général qui ſe réglât ſur les diſpoſitions de ſon ennemi », & en prît le contre-pied, ce qui doit toujours être le but final. Fabius, *en temporiſant*, & Scipion, en s'aviſant d'une *diverſion* en Afrique & en étendant ſa ligne à Zama, le firent.

(2) *Hiſtoire de Scipion*, p. 241.

(3) SERAN DE LA TOUR veut ſans doute indiquer ici POLYBE qui écrit, à la fin de ſon fragment ſur la bataille de Zama (livre XV, fragment 1) : « Il est aſſez ordinaire, ainſi que le dit le proverbe, qu'un habile homme ſoit vaincu par un plus habile; Hannibal l'éprouva dans cette circonſtance ».

auxiliaires, qui, paſſés dans le camp romain, le prennent à dos & décident ſa défaite.

Il eſt encore d'autres cauſes qui peuvent expliquer l'inſuccès final d'Hannibal, malgré ſa grandeur réelle (1).

D'abord, l'infériorité de la ſociété & de la république carthaginoiſes par rapport à la ſociété & à la république romaines (2), l'infériorité auſſi de l'armée & de la tactique carthaginoiſes (3) à laquelle il eſſaie en vain pluſieurs fois de remédier.

Son habileté, ſon initiative en ſcience guerrière, s'uſèrent à la longue contre la perſévérance (4) des Romains, plus grands & plus dignes

(1) Son principal hiſtorien n'héſite pas à le mettre au-deſſus de Scipion l'Africain. Voyez *Hiſt. des campagnes d'Hannibal en Italie*, par le général Frédéric-Guillaume (lequel a pris plus tard le nom de Vaudoncourt); 1812, t. I, p. XIV. — C'eſt l'avis de Napoléon qui, dans ſes *Mémoires*, range Hannibal, mais non Scipion, parmi les *ſept* grands capitaines qu'il cite.

(2) Machiavel nie que le peuple romain doive ſa grandeur à la fortune, ſuivant l'opinion de Plutarque : « S'il a jamais, dit-il, exiſté une république qui ait fait le mêmes progrès que Rome, c'eſt que jamais république n'a reçu comme elle des inſtitutions propres à lui faire faire des conquêtes. C'eſt au courage de ſes armées qu'elle dut l'Empire; mais c'eſt à ſa ſageſſe, à ſa conduite, & au caractère particulier que ſut lui imprimer ſon premier légiſlateur, qu'elle dut la conſervation de ſes conquêtes. » *Diſcours ſur Tite-Live*, II, 1. En effet, Carthage n'avait que des ſoldats mercenaires à Rome; tout citoyen était ſoldat; Carthage n'avait pas de territoire, Rome était une grande puiſſance continentale, &c.

(3) Conſultez mon *Hiſt. de l'art de la guerre*, t. I, p. 189, 190.

(4) Rome oſa mettre aux enchères le champ où campait Hannibal à ſes portes, & il y eut des gens aſſez hardis pour l'acheter. Tite-Live, XXVI, 11.

dans les revers que dans les ſuccès; & quand il eut épuiſé ſon génie militaire, ſa patrie ne voulut ni augmenter ni même entretenir les moyens matériels dont il diſpoſait (1).

Peut-être préſuma-t-il trop en s'attaquant ſi tôt à Rome, ſans avoir au préalable eſſayé & grandi ſon génie & ſes forces contre d'autres adverſaires; peut-être commença-t-il par où il aurait dû finir, & peut-être fût-ce l'une des cauſes de ſa non-réuſſite (2).

Peut-être auſſi peut-on dire qu'il ne ſut pas profiter de la victoire (3), ſi l'on admet qu'il eût dû marcher ſur Rome après les batailles de Traſimène & de Cannes (4), ce qui eſt douteux (5), car il aurait peut-être éprouvé, ſous les murs de cette ville, le ſort des Gaulois de Brennus.

(1) Le ſeul ſecours qu'il reçut de ſa patrie, nous l'avons dit, fut un corps de 4,000 hommes envoyés de Carthage après la victoire de Cannes.

(2) « Comme les Romains furent le premier objet de ſes exploits, ils en furent auſſi l'écueil. » Polybe, XI, fragment 3.

(3) Guischardt écrit à propos de la bataille du Téſin : « On ne ſaurait deviner ce qui empêcha Hannibal d'achever ſa défaite. » *Mém. militaires ſur les Grecs & les Romains*, fin du chap. v.

(4) Tite-Live (XXII, 51), prétend que Maharbal, ſon général de cavalerie, lui reprocha de ne pas marcher ſur Rome après cette dernière bataille.

(5) J'ai jadis ſoutenu cette thèſe. Conſultez *Le plus grand homme de guerre*, 1848, p. 21. — « S'il eût marché des champs de Cannes, dit Napoléon, ſix jours après il était dans Rome & Carthage devenait maîtreſſe du monde. » *Mém. de Napoléon*, VIIe note ſur les *Conſidérations ſur l'art de la guerre*. — Il y avait plus de quatre-vingts lieues de Cannes à Rome.

Il vaut mieux dire, comme M. Félix de Beaujour (1), qu'il a su attaquer l'Italie & s'y installer, mais qu'il n'a pas su la défendre; seulement alors on tombe dans les systèmes, & il ne convient pas de nous y arrêter.

Il vaut mieux dire encore, avec Polybe, qu'Hannibal a été vaincu par la fortune (2); en récapitulant, en effet, son génie exempt de faiblesse, son application constante & souple à en tirer parti, ses prodigieuses victoires, on finit par trouver cette seule solution possible (3).

Quoique vaincu par les Romains, Hannibal reste grand sur son piédestal, &, si la postérité le considère ainsi, c'est bien plus pour sa personne & ses mérites que par sympathie pour la nationalité carthaginoise qui, victime pourtant de l'ambition de Rome, n'inspire en général ni pitié, ni grand regret.

C'est là pour Hannibal sa plus grande gloire; car ordinairement, suivant Adam Smith (4), « la fortune favorable ou contraire, rend le même caractère l'objet de l'admiration ou du mépris universels ». Mais combien il paye, il expie cette

(1) *De l'expédition d'Hannibal en Italie*, p. 71.

(2) Polybe, IX, fragment 2.

(3) Hannibal « succomba peut-être moins à cause de la supériorité de talent de son adversaire, qu'à cause d'un concours de circonstances contraires qui lui ôtèrent les moyens de faire valoir victorieusement sa capacité militaire». Ciriacy, *Hist. de l'art militaire chez les anciens*, p. 340 de ma traduction.

(4) *Théorie des sentiments moraux*, partie VI, section II.

gloire : ſur la fin de ſa vie, haï de ſes compatriotes, ſuſpect aux princes qui lui donnent aſile & chez leſquels il vient, toujours inaſſouvi, chercher des ennemis à Rome, il ſe voit enfin contraint de ſe délivrer lui-même d'une vie importune (1), & il le fait par le poiſon (2), en diſant : « Délivrons le peuple romain de ſes longues inquiétudes, puiſqu'il n'a pas la patience d'attendre la mort d'un vieillard (3) ». Reproche triſte & preſque doux, qui ſemble grandir encore ſon impoſante figure, en y ajoutant, au moins une fois, la réſignation, cette vertu ſi rarement compagne de l'énergie & de l'initiative.

(1) Reportez-vous, ſur le ſuicide, à un *Rapport* de M. BARTHÉLEMY SAINT-HILAIRE, livraiſon d'octobre 1861 des comptes rendus de l'Académie des ſciences morales & politiques.

(2) Il paraît que Pruſias avait réſolu de le livrer aux ambaſſadeurs romains, & que ce fut pour éviter cette dernière infortune qu'il s'empoiſonna. PLUTARQUE rapporte en ces termes un autre genre de ſuicide qu'on lui attribue : « Quelques-uns diſent qu'il entortilla ſon manteau autour de ſon coû, & ordonna à un de ſes eſclaves de lui appuyer le genou contre le dos, & de tordre avec force le manteau en tirant à lui juſqu'à ce qu'il fût étranglé ». *Vie de Flaminius.*

(3) TITE-LIVE, XXXIX, 51.

ÉVREUX, IMPRIMERIE DE A. HÉRISSEY. — 670.

OUVRAGES DE CARLO MARIANI

LIEUTENANT-COLONEL D'ARTILLERIE

IL PLUTARCO ITALIANO

1 fort vol. in-12, Milan, 1869. Prix : 4 fr.

Cet ouvrage a été honoré d'une médaille d'or par la *Société pédagogique italienne*, & contient les biographies de Jules César, Marc Aurèle, Grégoire le Grand, Marco Polo, Dante, François Sforza, Chriftophe Colomb, Trivulze, Léonard de Vinci, André Doria, Michel-Ange, Galilée, Frédéric Borromeo, Montecuccoli, Paoli, Masséna, Napoléon Ier, Guillaume Pepé, Cavour, duc de Gênes, &c.

DEGLI ASSALTI IMPROVVISI

E DELLE SORPRESE IN GUERRA

1 vol. in-8° avec atlas; Milan, 1866. Prix : 4 fr.

STORIA DELLA RIVOLUZIONE ITALIANA

E DELLA

Guerra del 1848 in Lombardia

2 vol. in-12; Turin, 1854. Prix : 6 fr.

GUERRA DEL 1866 IN GERMANIA

CHE FA SEGUITO ALLA

STORIA MILITARE DELLA PRUSSIA

DI ED. DE LA BARRE DUPARCQ

Volta in italiano dal prof. Maineri.

2 vol.; Milan, 1868. Prix : 7 fr.

NOTA. *M. Mariani travaille à un rapport fur l'Inftruction populaire qui paraîtra prochainement, & dont il a déjà été queftion à l'Académie de phyfique, médecine & ftatiftique de Milan, préfidée par le Dr Ferrario.*

Evreux, A. Hérissey, Imp — 670

www.ingramcontent.com/pod-product-compliance
Ingram Content Group UK Ltd.
Pitfield, Milton Keynes, MK11 3LW, UK
UKHW012114240726
13965UKWH00004B/1767